DIE JAHRESZEITEN IM HAUS

Eva Walther

DIE JAHRESZEITEN IM HAUS

**Praktische Anleitungen
für Sträusse, Kränze, Schalen und
Arrangements aus der Natur**

AT Verlag

AT Verlag Aarau/Schweiz
Fotos: Jörg Müller, Aarau
Gesamtherstellung: Grafische Betriebe
Aargauer Tagblatt AG, Aarau
Printed in Switzerland

ISBN 3-85502-418-9

Inhaltsverzeichnis

Vorwort

Es gibt bestimmte Dinge, die unser Leben und unsere Lebensgewohnheiten, ob wir es wollen oder nicht, in irgendeiner Weise beeinflussen. Dazu gehören ganz gewiss die Jahreszeiten. Obwohl immer wiederkehrend, sind sie nie gleich und werden uns nie langweilig. Auch nach einem prächtigen Sommer freuen wir uns wieder auf den Herbst mit seinen Farben.

Das Bedürfnis des Menschen, sich die Jahreszeiten ins Haus zu holen, ist sehr alt. Die einfachste Form davon ist sicher der Blumenstrauss. Ich denke aber auch an Gemälde von Stilleben, auf denen man eine ganz bestimmte Jahreszeit ablesen kann.

In diesem Buch möchte ich ganz besonders Menschen ansprechen, die ohne eigenen Garten oder Balkon leben. Gerade da wird vielleicht das Bedürfnis nach der Natur im Haus oder in der Wohnung noch grösser sein. Besonders denke ich auch an Menschen, denen es nicht mehr möglich ist, über Land zu gehen, sei es altershalber, wegen Krankheit oder Behinderung. Vielleicht wird da eine Schale mit Moos, die den Geruch des Waldes in sich trägt, ebenso gern entgegengenommen wie ein gewöhnlicher Blumenstrauss.

Bei der Beschaffung des Materials kommen wir ganz direkt mit der Natur in Kontakt. Viele der gezeigten Arrangements bestehen aus Mitbringseln und Erinnerungsstücken von Spaziergängen und Ausflügen in Feld und Wald. Aber auch in Stadtparks finden wir zum Beispiel im Herbst bunte Blätter und Tannzäpfchen. In der Abfolge der Jahreszeiten beginnen wir mit dem Sommer, wo die Natur uns die grösste Vielfalt bietet und auch manches gesammelt und getrocknet werden muss, was wir später verwenden.

Es ist mir ein Anliegen, mit diesem Buch jung und alt zu ermutigen, eigene Ideen zu verwirklichen. Es bedarf keiner speziellen Ausbildung, alle gezeigten Gegenstände sind für Laien machbar. Entdecken Sie Ihre Begabung!

Werkzeuge

Zur Herstellung der in diesem Buch gezeigten Gegenstände benötigen wir einige Werkzeuge und zweckmässige Hilfsmittel. Gute Bastelläden oder Gartencenter führen eine grosse Auswahl davon. Das Klappmesser begleitet uns auf unseren Spaziergängen und Streifzügen. Diverse Zangen zum Biegen und Schneiden von Draht sind unerlässlich, ebenso eine Gartenschere zum Schneiden von Ästen. Haushalt- und Bastelscheren benützen wir ausschliesslich für Bänder, Papier und feine Blumenstiele, niemals für Draht! Die Leimpistole ist nicht unbedingt notwendig, erleichtert aber das Kleben auf diverse Unterlagen, da der Leim beim Erkalten sofort hart wird und somit schnell klebt. Die Ahle dient zum Vorstechen feiner Löcher, ein Nagel erfüllt allerdings diesen Zweck auch. Blumendraht auf Spulen, auch Wickeldraht genannt, ist grünlackiert oder unbehandelt und in verschiedenen Stärken erhältlich. Ebenso der Blumendraht zum Andrahten und zum Verlängern von Stielen. Nylonsilk ist zum Blumenbinden ungünstig; er wird lediglich zum Aufhängen von Gegenständen gebraucht. Glimmer wird hauptsächlich für Advents- und Weihnachtsdekorationen verwendet. Er ist als Pulver in Döschen, mit Leim vermischt in Tuben oder als Spray im Handel. Stecknadeln und Drahthaften sind vor allem zum Bestecken von Hartschaum oder Styropor praktisch.

1	Schere	7	Nylonsilk
2	Gartenschere	8	Glimmer
3	Seitenschneider	9	Ahle
4	Flachzange	10	Leimpistole
5	Taschenmesser	11	Stecknadeln
6	Blumendraht	12	Drahthaften

Hilfsmittel

Je nach Form der gewünschten Gestecke, Kränze und Girlanden brauchen wir verschiedene Unterlagen, die uns als Kern den nötigen Halt bieten. Strohkränze, auch Römer genannt, sind in diversen Durchmessern erhältlich. Dank ihrem natürlichen Material können sie stellenweise sogar sichtbar bleiben. Geflochtene Weidenkränze sind dazu noch geeigneter und lassen sich mit wenig Material in wunderschöne Dekorationen verwandeln. Mit Recht verdrängen Hartschaumartikel die seit längerer Zeit im Handel üblichen Styroporformen. Sie lassen sich besser schneiden, vertragen Klebstoffe, ohne zu schrumpfen, und auch feine Pflanzen können ohne Andrahten direkt hineingesteckt werden. Hartschaumformen sind nur für Trockengestecke geeignet. Für Frischblumengestecke finden wir beinahe dasselbe Angebot an Formen in Sämereien, Bastelgeschäften und Gartencentern. Diese Steckmasse ist viel feinporiger und kann mühelos in die gewünschte Form geschnitten werden. Sie ist auch unter der Bezeichnung «Oasis» erhältlich. Vor dem Arbeiten werden diese Formen so lange in kaltes Wasser eingelegt, bis sie vollgesogen sind. Blumenkitt ist in kleinen Paketen oder Stangen im Handel. Mit Hilfe dieser Knetmasse befestigen wir Blumenigel und sogenannte Pinholder am Boden der Gefässe. Je nach Unterlage können auch Kerzen, Zapfen oder Früchte damit angeklebt werden. Blumenkitt ist wasserfest und daher für Frisch- und Trockengestecke verwendbar. Rückstände von Blumenkitt lassen sich mit Reinbenzin restlos entfernen. Blumenband ist in den Farben Grün, Braun und Weiss erhältlich. Nach dem Umwickeln wird es gut angedrückt, es ist selbsthaftend. Girlanden und Türumrahmungen arbeite ich immer auf ein Seil, damit sie beweglich bleiben und mühelos in und um die gewünschten Formen gelegt und gewunden werden können. Für Zahlen oder aussergewöhnliche Formen von Türkränzen eignet sich ein Sisalseil mit

1 Hartschaumquader
2 Steckmoos (Oasis)
3 Hartschaumkegel
4 Hartschaumkugel
5 Styroporkugel
6 Nylonseil
7 Sisalseil mit Drahteinlage
8 Zwirn
9 Weidenkranz
10 Strohkränze (Römer)
11 Blumenband
12 Blumenkitt
13 Glaskugeln
14 Geschenkband
15 Pinholder
16 Metallfäden
17 Kugelketten

FLEUROP *NOVEMBER 1992*

BUNTE BLUMEN WELT

FLEUROP-GRÜSSE zu vier besonderen Anlässen

...präsentiert die Bunte Blumenwelt in dieser Ausgabe. Ob als Glückwunsch, als Überraschung, zum runden Geburtstag, zum goldenen Jubiläum oder einfach so. Blumen kommen immer gut an.

„DAS GROSSE GLÜCK“

So üppig gefüllt ist Fortunas Pokal, wenn sie Blumenfreunde in verschwenderischer Großzügigkeit beglücken will. Der Florist hat aus dem vollen geschöpft – in Vielfalt von Arten, Formen und Farben. **Mehr dazu ab Seite 4.**

LIEBE LESERIN,
LIEBER LESER,

ist es nicht ein eindrucksvolles Beispiel friedlichen Miteinanders, zu sehen, wie in 134 Ländern der Welt über alle Grenzen und Kulturschranken hinweg die 55 000 Floristen der Fleurop-Interflora es verstehen, die Brücken der Verständigung zu schlagen? Tag für Tag, übers ganze Jahr 38 Millionen mal. Seit über 65 Jahren beweist die Fleurop-Interflora mit der Vermittlung von Blumengrüßen, wie friedfertig die Nationen miteinander umgehen – wenn es eben nicht um die große Politik geht. Uns Organisatoren dieser Völkerverständigung fällt es nicht immer leicht, trotz mancher gegenläufiger Entwicklungen im politischen Geschehen, die Grenzen für die Blumengrußvermittlung offen zu halten, wo Machthaber ihren Untertanen Herzlichkeit verbieten wollen. Vielfach ist es dem ausgesprochenen Idealismus der Mitglieder unserer Organisation zu verdanken, daß diese Hindernisse überwunden werden können.

Ihr Arthur Kuhn
Präsident der Fleurop

Fleurop-Grüße weltweit erfolgreich

1991 wurden 38 Millionen „blühende Grüße“ überbracht

Über 55 000 Floristen sind der weltweiten Fleurop-Interflora angeschlossen. Sie alle haben dafür Sorge getragen, daß 1991 rund 38 Millionen Blumengrüße im Wert von 1,7 Milliarden Fleurin pünktlich und frisch Menschen auf der ganzen Welt erreicht haben.

Rechnet man die „Blumenwährung“ Fleurin (basierend auf dem Schweizer Franken) einmal in D-Mark um, sind es rund 1,9 Milliarden Mark. Der durchschnittliche Wert eines Auftrages lag 1991 bei 43,55 Fleurin (DM 45,73).

38 Millionen Fleurop-Grüße! Das sind pro Tag 121 300 Aufträge. Umgerechnet wurde also im vergangenen Jahr 72 mal in der Minute – irgendwo auf der Erde – ein blumiger Gruß übermittelt. In jeder Sekunde des vergangenen Jahres hat also ein Fleurop-Bote irgend jemandem Freude geschenkt, Trost gespendet, Überraschung bereitet…

Blumengrüße sind Botschafter der Liebe, der Zuneigung, der Versöhnung. Sie sagen „Danke“ und „Ich hab‘ an dich gedacht“, sie wünschen „Alles Gute“ und „Kopf hoch…“. Mal mit, mal ohne Worte.

134 Länder sind es, in denen Fleurop-Floristen sich der völkerverbindenden Idee verschrieben haben, Botschaften auf blumige Weise zu übermitteln. Bei den Vermittlungen ins Ausland steht innerhalb der europäi-

38 Millionen Blumengrüße verbanden 1991 Menschen in der ganzen Welt. In Ost und West, von Land zu Land, über Kontinente hinweg.

schen Fleurop-Interflora an erster Stelle Deutschland. Über 171 000 Aufträge verschickten die Deutschen an Bekannte, Freunde, Verwandte, Geschäftspartner und andere Empfänger im Ausland. Es folgen Frankreich mit 80 000 und die Schweiz mit 62 000 Aufträgen. Immer sind Blumengrüße Brücken der Verständigung.

... Das große Glück · Die kleine Überraschung ·

Eine gestalterische Spielerei: Bänder mit Kugeln fassen den kleinen Blumenakzent aus Cyclame, Heide und Azalee wirkungsvoll zusammen – die kleine Überraschung.

Aus einem ungewöhnlichen, floristisch gefertigten Gefäß lugen Chrysantheme, Liguster, Heide und Hortensie umspielt von Clematis und wallenden Bändern – zum goldenen Jubiläum.

Edelste Blütenträume im luxuriösen Arrangement aus Phalaenopsis und weitausladenden Blattformen. Die schwingenden Bewegungen der Orchideen werden durch die abfließenden, schimmernden Satinbänder betont – zum runden Geburtstag.

Der runde Geburtstag · Das goldene Jubiläum ...

Ein Top mit Lochstickerei am Dekolleté, schmale Träger, seitlich geschlitzt. Die Shorts passend dazu auch geschlitzt.

BH mit Doppelträgern und Spitzeneinsatz wie beim zugehörigen Tanga.

Ein Nachtkleid, 3/4-lang, bestickter Tülleinsatz am Dekolleté, schmale Träger, Webjacquard mit Blütendessin, dazu der Mantel.

Dessous

Tag- und Nachtwäsche

In Herbst und Winter bleibt es dabei, wie es sich im Sommer mehr als deutlich im wahrsten Sinne des Wortes abzeichnete: Wäsche darf – in geschmackvollen Grenzen – gezeigt werden. Kombiniert mit den verschiedensten Kleidungsstücken ist sie oftmals das berühmte Tüpfelchen auf dem „i“. Dessous haben ihre prickelnde Erotik bewahrt.

Spitze, Schleifchen, Drapiertes oder Tüll betonen weibliche Attribute. Auf zarten Dessous und Nachtwäsche erblühen auch Rosen, oder es tummeln sich Spielkarten und Ringel. „Man“ will Frau sein. Es gilt, der Busen wird betont. Tops haben breitere Träger, die den BH bedecken. Tangas verstecken sich unter Radlern und Leggings. Teddies wärmen unter kurzen Röcken. In der Vielfalt der Mode bietet Schiesser alles für „darunter“.

Cambria

Orchidee

Die Zuchtorchidee dominiert in der kupfernen Pflanzschale über Callicephalus und Kalanchoe beharensis. Ergänzender Schmuck sind Mooskugeln, Kokosfasern, Bambus und Zweige.

DER LETZTE GRUSS

Ein filigraner, moderner Kranz aus verschlungenen Zweigen, die von Hagebuttenranken optisch unterstützt werden. Rosen setzen farbliche Akzente im sanften Grün von Koniferen, Blättern und Band.

In stillem Gedenken

Ein naturhafter Ausschnitt als Grabschmuck mit aufhellenden Farben im Dämmerlicht des grauen Novembers.

Es ist der Monat der Stille und der Einkehr: Des Gedenkens der Heiligen, Allerheiligen am 1. November. Des Gedenkens der Seelen derer, die von uns gegangen sind, Allerseelen am 2. November. Der Mahnung an die Opfer der großen Kriege, Volkstrauertag am 15. November. Des Büßens und des Betens, Buß- und Bettag am 18. November. Des Gedenkens der Toten, Totensonntag am 22. November. In den Tagen des Innehaltens sind seit jeher Blumen Symbole der Hoffnung auf ein Weiterleben in ewigem Frieden. Blumenschmuck an Trauertagen in ehrendem Gedenken der Toten ist seit Jahrtausenden Bestandteil des Totenkultes.

Apart mit Op-Art

„Black and White – ein starkes Doppel." So beschreibt Bijou Brigitte einen Evergreen, der sich immer wieder neu in Szene setzt. Raffinierte Accessoires, geschickt miteinander kombiniert, machen schlichte Outfits zum letzten Schrei. Auffällige Perlenketten, peppiger Arm- und Ohrschmuck, dazu eine Handtasche im Karo-Design, und fertig ist der Op-Art-Look.

Farbige Eleganz

„Carmine", „Sun" und „Amethyst" sind die Farben, mit denen Comtesse seine Roßhaartaschen vorstellt.

MULTI-KULTURELL

In fließender weicher Qualität sind bei Trixi Schober die Mäntel als „lässige Hülle", z.B. in leuchtendem Lila.

Strenger Kragen und frecher Schlitz im Kleid in Schwarz-weiß (oben) oder kesses Bermuda-Kostüm in Gelb (oben rechts) sind bei Schwab als Top-Fashion für die selbstbewußte Frau groß in Mode.

A SPECIAL KIND OF MEN

... spricht „Bogie" mit seiner Männermode an und behauptet, „Farbe macht graue Wintertage fröhlicher". Mit Zweiknopf-Saccos ist „Mann" dann bestens angezogen.

Die Eisbären tanzen läßt Comtesse auf den Krawatten aus Crepe de Chine.

Ab 29. November beginnt die Vorweihnachtszeit, in der Sie als kleines Geschenk einen Engel auf Reisen schicken können. Hortensie, Sedum, Bambus, Artischocke, Asparagus, Gras und Blätter sind die „Wolke", auf der ein goldener Engel heranschwebt.

SPÄT HERBST LICHE VASE

Rehauge, Hortensie, Rose, Hagebutte, Efeu, Korkenzieherhaselzweig, Hirse, Farn, Klee und Moos sind in der Vase vereint.

NAMENSTAGE

1. Benignus
2. Angela
3. Hubertus
4. Emmerich
5. Elisabeth
6. Leonhard
7. Engelbert
8. Kastorius
9. Theodor
10. Justus
11. Martin
12. Kunibert
13. Stanislaus
14. Alberid
15. Leopold
16. Otmar
17. Hugo
18. Odo
19. Mechthild
20. Edmund
21. Albert
22. Caecilia
23. Felicitas
24. Johannes
25. Katharina
26. Konrad
27. Jakobus
28. Gunther
29. Saturnim
30. Andreas

... und andere gute Anlässe, Freunde und Bekannte zu überraschen.

Eine harmonische Einheit von Vase und Füllung ergibt sich aus Struktur und Farbe – zum Namenstag.

Aus der Keramikvase quellen in reduzierter Proportion zarte Blüten und Zweige – Mitbringsel „einfach so".

FLEUROP Ratgeber

ÜBERWINTERN VON DATURA

Herr Heynrich, Münster: Meine Jubiläums-Datura, ich bekam sie zu meinem 25-jährigen Geschäftsjubiläum geschenkt, hat sich prächtig entwickelt. Wie kann ich die inzwischen über zwei Meter große Pflanze überwintern? Leider fehlt mir ein Gewächshaus.

Zum Überwintern Ihrer Datura benötigen Sie kein Gewächshaus. Am einfachsten ist es, die Triebe etwa um ein Drittel zu kürzen und den Topf in den Keller oder eine frostfreie Garage zu stellen. Ebenso wie bei Überwinterung von Fuchsien, kann der Raum dunkel sein. Gießen Sie nur soviel, daß die Erde nicht völlig austrocknet. Im Februar stellen Sie die Datura wieder heller, gießen mehr und pflanzen sie in frische Blumenerde. Dann wird sie Ihnen im nächsten Sommer wieder viel Freude bereiten.

GRABSCHMUCK IM NOVEMBER

Frau Wetterholm, Köln: Ich möchte gern das Grab meiner Eltern winterfest machen. Können Sie mir Tips geben, was ich dabei beachten muß?

Am besten wenden Sie sich an Ihren Fleurop-Floristen, der über alles notwendige Material, praktische Tips und geeignete Qualitäts-Pflanzen verfügt. Zunächst sollten Sie alle einjährigen Sommerblumen herausnehmen, selbst wenn sie noch blühen. Dann bedecken Sie die Grabfläche mit dekorativen immergrünen Zweigen von Douglas- oder Nordmannstanne, Ilex, Kiefer oder Wacholder. Zum Gedenken Ihrer Lieben (zu Allerseelen, 2. November, oder Totensonntag, 21. November) bestellen Sie einen Kranz oder ein größeres Gesteck, das Sie in einer andachtsvollen Stunde mit ans Grab nehmen.

IMPRESSUM

SIE LESEN IM NÄCHSTEN HEFT:

- **Weihnachtsbaum, Nikolausstrauß, Adventsgesteck**
- **Zimmerpflanze**
- **Silvester-„Knaller", Neujahrs-„Rakete"**
- **Die besondere Fleurop-Floristik**

Die „BUNTE BLUMENWELT" ist eine kostenlose Zeitschrift für Fleurop-Kunden und erscheint im 32. Jahrgang jeden Monat.

Herausgeber Fleurop GmbH **Redaktion** M.Hinze, U.Timm, H.P .Wehrle **Anschrift** W&PR Agentur, Isestraße 52, 2000 Hamburg 13 **Redaktionsausschuß** W.Damerius, G.Kienzle-Falk, A.Kuhn, K.Menck **Floristik** J.Wünsch, M.Kaiser **Fotos** M.Wehrle, außer S.2 MPR (Text+Foto), S.6 Schiesser, S.10-11 Bijou Brigitte, Comtesse, Trixi Schober, Schwab, Bogie **DTP-Design** W&PR **Druck** Badenia Tiefdruck

Tschuldigung.
Via Fleurop.
Fleurop. Die herzlichste Verbindung weltweit.
INTERFLORA
FLEUROP

eingelegtem Draht vorzüglich: Nach dem Biegen bleibt die Form stabil. Zur Blumenbinderei gehören je nach Jahreszeit und Anlass auch bunte Bänder, Glaskugeln, künstliche Früchte, Schmetterlinge usw.

Alle beschriebenen Werkzeuge und Hilfsmittel finden Sie in guten Bastelläden sowie in Hobby- und Gartencentern.

Gefässe zum Sammeln

Als «Sammler» tragen Sie immer Haushaltbeutel, Papier- und Plastiktaschen mit sich. Auch ein Taschenmesser gehört zur festen Ausrüstung. Bei Ferienreisen mit dem Auto kommen noch zusätzlich einige Vorratsgläser mit Schraubverschluss für Sand und Erde und flache Kartonschachteln für Pflanzen hinzu.

Das gesammelte Material, in gläsernen Behältern aufbewahrt, sieht bereits so dekorativ aus, dass es bis zur Weiterverarbeitung auf Regalen, Simsen und Tischen in der Wohnung stehen darf.

Steine und Schneckenhäuser werden gewaschen und nach dem Trocknen nach Wunsch lackiert. Samenkapseln, Früchte und Zapfen lagert man mit Vorteil in offenen Gefässen, damit sie nicht schimmlig werden, falls sie noch nicht vollständig trocken sind. Besonders geeignet sind Körbe. Sand, Erde und Steine sehen in Einmachgläsern gut aus; auf der Etikette wird Ort und Zeitpunkt des Sammelns notiert.

Sammeln macht Freude und ist wichtig, da uns eine möglichst grosse Auswahl zu kreativer Arbeit anregt.

Nux
vomic.
Baselbieter Beeren

Gefässe zum Präsentieren

Abgesehen von den herkömmlichen Vasen, eignet sich auch eine grosse Anzahl von Gebrauchsgegenständen aus dem Haushalt zum Präsentieren unserer Objekte. Sogar undichte oder defekte Gefässe, die uns vielleicht besonders gut gefallen und die wir deshalb nicht wegwerfen möchten, können vorzüglich für Trockensträusse verwendet werden, da diese ja kein Wasser brauchen. Wichtig ist, dass Farbe, Form und Grösse der Gefässe mit dem Gesteck oder Strauss harmonisch übereinstimmen. Wir nehmen uns daher beim Aussuchen genügend Zeit. Überlegen Sie sich, ob das Material des Gestecks eher rustikal ist oder ob es die feine Transparenz von Schleierkraut und Silberlingen hat. Dementsprechend wählen wir fürs erstere vielleicht einen Korb, ein Keramik- oder Steinzeuggefäss und fürs zweite eher eine Glasvase oder ein feines Porzellangefäss. Bunte, bemalte Vasen sind mit besonderer Sorgfalt auszuwählen, da Farbe und Bemalung den Inhalt optisch nicht stören dürfen. Für einen Strauss aus Farn, Blättern und Gräsern ist ein solches Gefäss jedoch durchaus passend. Standort und Umgebung unserer Werke sind auch nicht unwichtig, denn ob die Unterlage dafür ein dunkler Holztisch oder eine weisse Spitzendecke ist, muss unbedingt mit einbezogen werden. Die unterschiedliche Wirkung auszuprobieren, ist immer noch die beste Methode und macht erst noch Spass.

Sommer

Denken Sie an einen Sommertag.
Scheint der nicht unermesslich?
Und das ist noch gar nichts,
denn der Sommer hat viele Tage.
Und keiner ist ganz wie der andere,
jeder ist ein Wunder für sich.
Draussen sind überhaupt lauter Wunder,
und alle sind für uns.
Wenn wir nicht hinschauen, wer kann dafür?

Rainer Maria Rilke

Der Sommertisch

Die ungezwungene Atmosphäre einer Sommereinladung widerspiegelt sich bereits auf dem Tisch. Mit bunten Tischsets und Servietten setzen wir Akzente, und der schwimmende Blumenkranz vermittelt Sommerstimmung, Harmonie und Frische, sei es nun auf dem Garten-, Terrassen- oder Stubentisch. Gestecke für Esstische sollten meiner Meinung nach möglichst flach sein, damit man sein Gegenüber nicht «durch die Blume» betrachten muss.

Für einen Blumenkranz benötigen wir einen stattlichen gemischten Strauss Sommerblumen vom Gärtner oder vom Blumenmarkt. Wer die Blumen aus dem eigenen Garten holen kann, muss bedenken, dass sie möglichst am frühen Morgen geschnitten werden sollten. In der Mittagshitze geschnittene Blumen welken sehr rasch, da ihnen die Taufrische fehlt. Bis zur Verarbeitung stellen wir die Blumen in frisches Wasser. Wenn alles notwendige Material und Werkzeug bereitliegt, beginnen wir mit dem Zuschneiden der Blumen. Die grünen Blätter werden sorgfältig entfernt und die Blumenstiele mit einem Messer oder einer Schere auf ca. 10 cm Länge mit einem Schrägschnitt gekürzt (Bild 1). Wir binden jeweils einzelne Sträusschen von ca. 5 Blüten mit Bindfaden nach und nach zu einer Girlande, die nach gewünschter Länge zum Kranz geschlossen wird (Bild 2/3). Den fertigen Kranz legen wir sofort in ein mit frischem Wasser gefülltes Gefäss. Besonders geeignet sind flache Glasschalen mit einem ca. 5 cm hohen Rand. Der Kranz bleibt länger frisch, wenn er täglich einmal mit frischem Wasser besprüht wird.

1

2

3

Der Sommerbalkon

Im Sommer erweitern wir gerne unseren Lebensraum und beziehen Balkon, Terrasse oder Fenstersims in den Wohnbereich ein. Da Fenster und Türen geöffnet sind, dringen Luft, Sonnenstrahlen und Wärme in die Zimmer ein und verbreiten so ein angenehmes Gefühl von Freiheit. Der kleinste Balkon und beinahe jeder Fenstersims kann im Sommer begrünt werden.

Die einfachste und billigste Art der Begrünung ist das «Ausquartieren» der Zimmerpflanzen. Dabei müssen wir folgende Regeln beachten: Südbalkone und -fenster sind ungeeignet, da zu grosse Hitze den Pflanzen schadet. Zimmerpflanzen dürfen nicht vor Juni ins Freie gestellt werden und müssen so plaziert sein, dass sie vor Regen und Wind geschützt sind. Den Staub der Wintermonate lassen wir entweder im Freien von einem warmen Regen abwaschen, oder wir duschen die Pflanzen zuvor mit 20° warmem Wasser in der Badewanne ab. Dabei schützen wir die Erde mit einem aufgeschnittenen Plastiksack vor zuviel Wasser (Bild 1). Grosse Blätter werden nach dem Abtropfen mit einem weichen Baumwolltuch nachgetrocknet, um Kalkflecken zu verhindern (Bild 2). Zimmerpflanzen müssen im Freien öfter gegossen werden, da das Wasser schneller verdunstet. Bei guter Pflege danken sie Ihnen diesen Aufenthalt mit Wachstum und je nach Art sogar mit Blüten.

1

2

Zu den Zimmerpflanzen lassen sich aber auch alle auf dem Markt erhältlichen Balkonpflanzen kombinieren. Vergessen Sie einmal die traditionellen Bepflanzungen und schaffen Sie Abwechslung mit hängenden, rankenden, grossblumigen und kleinblumigen Pflanzen in möglichst bunter Vielfalt. Ein Versuch wird sich lohnen und Ihnen viel Freude bereiten.

Sollten Ihnen sämtliche Möglichkeiten zum Stellen von Pflanzen fehlen, so gibt es immer noch die Variante des «hängenden Gartens». Bei diesem Beispiel ersetzt ein dreiteiliger Drahtkorb den gewöhnlichen Hängetopf. Die einzelnen Körbe werden mit dunkler Plastikfolie ausgelegt, dann mit Blumenerde gefüllt und anschliessend bepflanzt (Bild 3/4/5). Auch hier wurden hängende und polsterartige, gross- und kleinblumige Pflanzen bunt gemischt.

3

4

5

Der Sommerstrauss

Riesengross kann er sein oder eine Miniatur aus Küchenkräutern und Edelröslein.

Für den grossen Strauss brauchen wir eine Bodenvase mit gutem Stand. Falls Sie nichts in dieser Grösse verfügbar haben, tut ein Putzeimer, den Sie zum Beispiel in einen hübschen Korb stellen, denselben Dienst. Vier Zweige eines Haselstrauches dominieren dieses Arrangement, zur farblichen Auflockerung wurden sie mit einigen Holunderzweigen mit Fruchtdolden und einem Zweig einer Eberesche (Vogelbeere) kombiniert. Solche Sträusse werden direkt im Gefäss arrangiert und nicht gebunden. Ungeschützte Pflanzen dürfen am Waldrand oder an einem Bachufer geschnitten werden, wenn man darauf achtet, dass es sich mengenmässig in Grenzen hält und dabei die Sträucher nicht verletzt werden.

Ein idealer Standort für solch einen Riesenstrauss ist zum Beispiel das Treppenhaus. Auch einer Junggesellenwohnung könnte er eine herbe Note verleihen. Haben Sie einem Mann schon einmal Blumen geschenkt?

Den Kräuterstrauss pflücken wir im eigenen Garten und werten ihn mit einigen Edelröslein auf. Er eignet sich vorzüglich als Mitbringsel für Bekannte, die keinen eigenen Garten haben. Die Kräuter können entweder frisch verwendet oder nach Belieben getrocknet und konserviert werden. Zum Trocknen legt man sie auf eine Stoffserviette in einen flachen Korb und lässt sie an einem warmen, luftigen Ort, z. B. auf dem Dachboden, trocknen (Bild 1). Sobald sie papierartig trocken sind, werden sie sortiert und in gut verschliessbare Gläser gefüllt, die beschriftet werden (Bild 2).

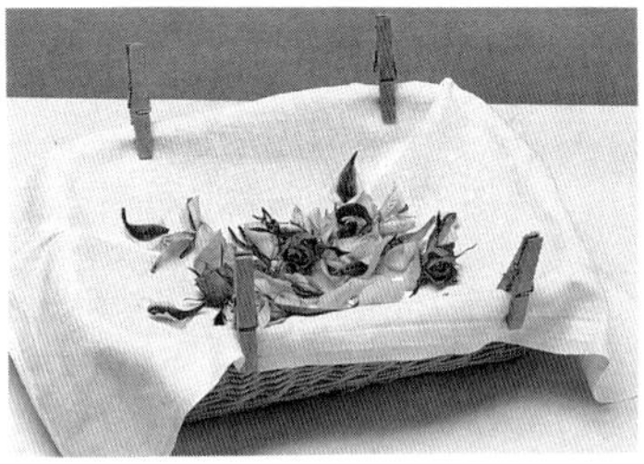

1

2

Das Vogelbad

Aus einer einfachen Pflanzenschale lässt sich mühelos ein Vogelbad herstellen. Die Masse der Schale sollten nicht weniger als 30 x 40 cm betragen, damit die Vögel die nötige Bewegungsfreiheit haben. Die am Boden befindlichen Löcher werden mit etwas Spachtelmasse oder Fensterkitt zugeklebt (Bild 1). Auf der einen Seite plazieren wir einige moosbewachsene Steine, die wir in jedem Waldbächlein finden können (Bild 2). Sie dienen den Vögeln als «Trittbrett», auf dem sie ihre Flügel putzen können. Besonders gut fügt sich ein solches Becken in einen sogenannten Steingarten mit niedrigen und halbhohen Pflanzen. Ab und zu wird mit der Giesskanne frisches Wasser nachgefüllt. Vorsicht bitte, ohne Blumendünger!

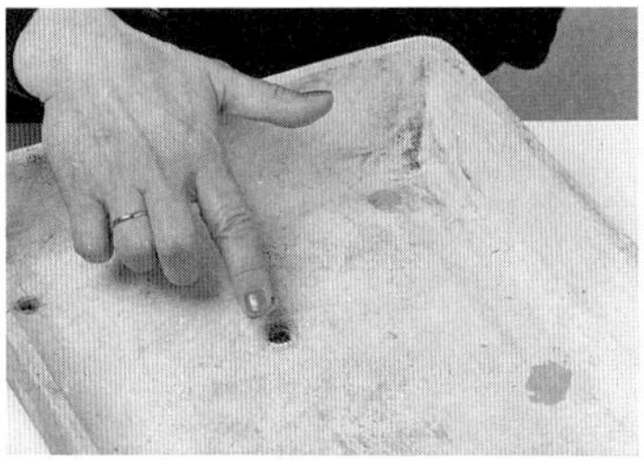
1

2

Ferienerinnerungen

Bei diesem Wort denkt man in erster Linie an Fotos. Da ich ein nichtfotografierender Mensch bin, bestehen meine Erinnerungen aus handfesten Gegenständen. Den Ausdruck «Ich liebe diesen Flecken Erde» kennen bestimmt alle. Einen Bruchteil eines solchen Flekkens, den ich liebe, packe ich jeweils an Ort und Stelle in ein Vorratsglas oder einen Plastikbehälter ein. Zu Hause baue ich mir dann die besuchte Gegend symbolisch wieder auf. In der flachen Schale führt mich die Reise von der Haute-Provence durch die Lavendelfelder bis in die Camargue ans Meer.

Sand und Steine finden sich aber auch an Seeufern und in Bachbetten. Von Bergwanderungen habe ich schon interessante Flechten mit nach Hause genommen und dann im Winter für Trockengestecke verwendet. Wo ist Ihre Lieblingsgegend und wie sieht sie aus? Kommt Fernweh auf, lassen uns solche Ferienerinnerungen vielleicht ein bisschen träumen.

Den Sommer konservieren

Vielleicht erfüllen uns die letzten Tage des Sommers doch mit etwas Wehmut, und wir versuchen etwas von seinen Farben und seinem Duft zu bewahren, indem wir es konservieren. Das Herstellen einer Duftschale ist eine alte Sache, die in den letzten Jahren wieder an Aktualität gewonnen hat. Duftschalen können individuell nach Duft und Farbe zusammengestellt werden. Sie bestehen aus möglichst vielen verschiedenen Blütenblättern und Knospen, Kräutern, Gewürzen und Fruchtschalen sowie aus Veilchenwurzelpulver und ätherischem Öl.

Das Vorgehen
Blütenblätter und Knospen stark duftender Blumen werden am besten vor dem Aufgehen gepflückt und auf einem Tuch ausgebreitet an einem warmen, luftigen Ort getrocknet (Bild 1). Nach ca. zwei Tagen, wenn sie papierartig trocken sind, werden sie sorgfältig mit dem Veilchenwurzelpulver vermischt (Bild 2/3) und in ein gut verschliessbares Glas gefüllt. Zur Intensivierung der eingefangenen Düfte können nach Belieben einige Tropfen einer Pflanzenessenz (z. B. Rosen- oder Lavendelöl) dazugegeben werden (Bild 4). Das Glas bleibt verschlossen ca. sechs bis acht Wochen an einem dunklen Ort stehen. Anschliessend kann die Duftmischung in einem offenen Gefäss in der Wohnung aufgestellt werden (Bild 5).

Geeignete Pflanzen:
Rosen, Lavendel,
Narzissen, Goldlack,
Veilchen, Freesien,
Holunder- und
Lindenblüten usw.

1

2

3

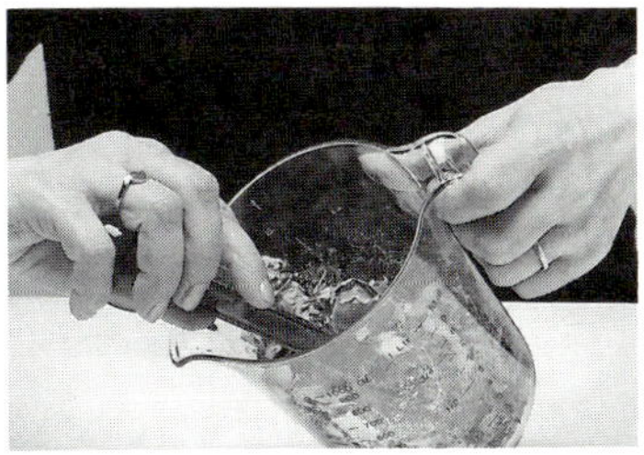

4

5

Rezept
500 ml (½ Liter) Blütenblätter
1 gestrichener Esslöffel Veilchenwurzelpulver
2–4 Tropfen Essenz

Zur Abwechslung können einer Blumenduftschale einige getrocknete Blätter von Gewürzen beigemischt werden. Geeignete Pflanzen: Lorbeer, Pfefferminz, Zitronenmelisse, Salbei, Majoran etc.

Für eine Mischung, deren Duft von Gewürzen und Kräutern dominiert wird, ändern wir das Mengenverhältnis. Einige bunte Blütenblätter dienen dann bloss zur farblichen Auflockerung. Gewürznelken, Anis, Wacholderbeeren usw. werden im Mörser zerstossen, Muskatnuss gemahlen und Zitronen- und Orangenschale fein geraspelt (Bild 6/7). Alle Gewürze überstreut man sofort mit Veilchenwurzelpulver (Bild 8) und trocknet sie anschliessend, bevor sie in einem verschlossenen Glas aufbewahrt werden.

6

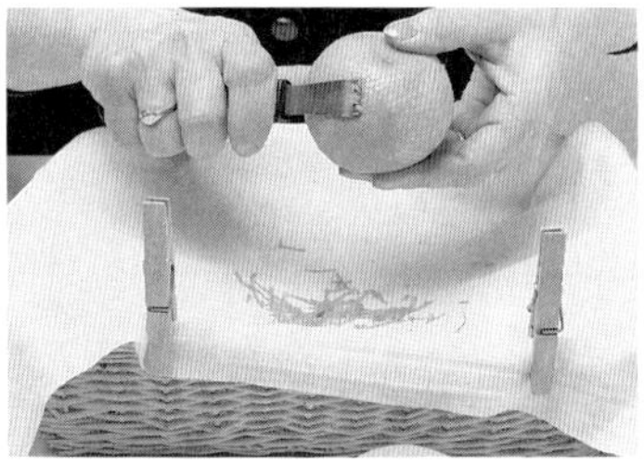
7

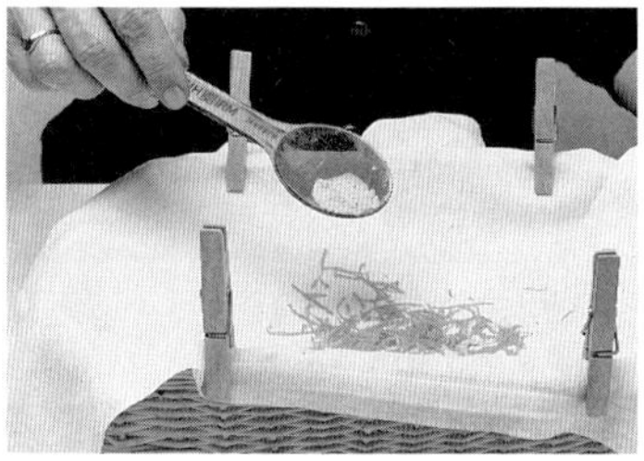
8

Herbst

Kartoffelsäcke am Raine!
Das Laub des Ahorns glüht rot.
Und mittags noch einmal die kleine
Grillenmusik. Wie ein Boot
zieht die herbstliche Wolke vorüber
mit Schatten und Regengrau.
Der Rübenacker liegt trüber
unter dem Wäscheblau
des kalten Himmels. Es fallen
die Eckern im plötzlichen Wind.
Und unter den Füssen knallen
Schneebeeren, die reif nun sind.

Karl Krolow

Der Herbststrauss

Auch der Herbst vermag uns noch einen frischen Strauss zu schenken. In den oft schon geheizten Räumen bleibt er uns allerdings nicht mehr lange erhalten. Deshalb stellen wir ihn vor den Hauseingang, wo er uns noch einige Wochen erfreuen wird. Der Kolchische Efeu, die Thujazweige und der Zierkürbis sind aus dem eigenen Garten oder vom Blumenmarkt. Hagebutten und Ligusterzweige mit den schwarzglänzenden Beeren finden wir in Hecken oder an Waldrändern. Die grossen Zapfen stammen aus dem Süden und sind Ferienerinnerungen.

Wir füllen das ausgesuchte Gefäss randvoll mit Steckmoos und durchtränken es mit Wasser. Die Efeuzweige werden seitlich dem Rand entlang gesteckt und bilden so eine Blättermanschette (Bild 1). Da der Strauss nur von vorne betrachtet wird, erhält er als «Rückwand» einige längere Thujazweige. Alle Zweige müssen mit dem Messer schräg angeschnitten werden, damit sie mühelos ins weiche Moos gesteckt werden können (Bild 2/3). An Zapfen und Zierkürbis montieren wir künstliche Stiele aus Blumendraht. Dazu verwenden wir etwas festeren Draht und stechen damit direkt durch den Kürbis. Die beiden Drahtenden dreht man zu einem Stiel zusammen (Bild 4). Beim Zapfen befestigen wir den Draht am vorhandenen Stiel und drehen die beiden Drahtenden zusammen (Bild 5).

1

2

3

4

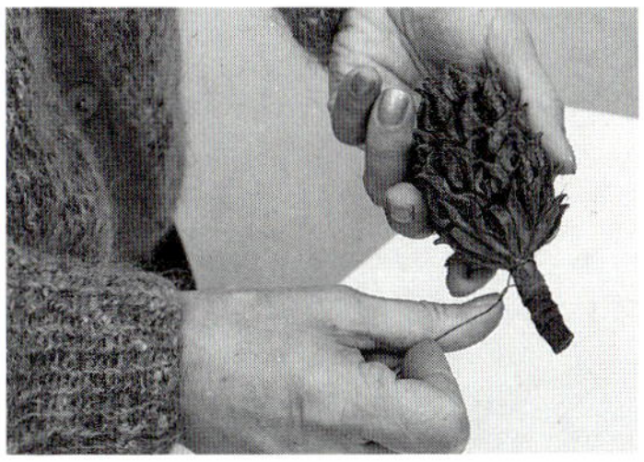

5

Der Herbsttisch

Wenn im Herbst die bunten Blätter und die prächtig glänzenden Kastanien in Parks und auf den Strassen am Boden liegen, kann ich es mir jeweils nicht verkneifen, mich zu bücken und mir die Taschen damit vollzustopfen. Zu Hause weiss ich zuerst gar nicht so recht, was ich damit anfangen soll. Kinder haben in dieser Beziehung keine Probleme. Sie füllen damit Krämerladen und Puppenküche und geniessen das Spiel mit den «echten Waren». Einen Teil meiner gesammelten Blätter presse ich sofort in einem alten Telefonbuch und lasse sie dort einige Wochen vollständig austrocknen (Bild 1). Den Rest fülle ich vorläufig in einen Korb und stelle ihn in die Küche oder ins Wohnzimmer.

Da wir im Herbst wieder etwas rustikalere Menüs schätzen, schmücken wir auch den Tisch dementsprechend. Auf einer weissen Tischdecke würden unsere Herbstschätze etwas fremd wirken, deshalb ersetzen wir diese für einmal durch ein gewöhnliches Kraftpackpapier. Um den Tisch als echtes Paket wirken zu lassen, verschnüren wir ihn mit einer dicken Packschnur. Die Tischkarten ersetzen wir durch Klebeadressen, und die Eilzettel sorgen wohl für die sofortige Zustellung des Essens. Auf dem ganzen Tisch verteilen wir nun grosszügig unser gesammeltes Gut und haben buchstäblich den Herbst im Esszimmer.

1

Herrn
Pit Rutz
Nadelberg 3
4000 Basel

Die Blätterkugel

Mit einem grossen Teil unserer gesammelten Blätter basteln wir eine Kugel als Hängedekoration. Sie dreht sich andauernd und ist von allen Seiten zu bewundern. Wir besorgen uns eine Hartschaumkugel in der gewünschten Grösse. Die Blätter müssen im voraus nicht gepresst werden. Sie erhalten durch das Lufttrocknen etwas verbogene Formen und wirken deshalb sehr lebendig, was für diese Arbeit besonders geeignet ist. Zu Beginn wird ein fester Blumendraht, an welchem wir eine Schlaufe für die Aufhängung anbringen, durch die Mitte der Kugel gestossen (Bild 1/2). Am unteren Ende biegen wir ebenfalls eine kleine Schlaufe als Widerhaken. Er verhindert das Abrutschen der Kugel und wird durch leichtes Ziehen am oberen Ende vorsichtig in den Hartschaum gedrückt (Bild 3/4). Wir beginnen nun mit dem Anheften der Blätter, und zwar verarbeiten wir sie schuppenförmig von unten nach oben. Die Blätter überlappen sich so weit, dass die Haften der unteren Blätter jeweils verdeckt werden (Bild 5/6). Die obersten Haften verdecken wir mit einer Schleife aus feinem Chiffonband. Die Kugel wäre jetzt fertig und zum Aufhängen bereit. Bei dem gezeigten Beispiel wird zusätzlich am unteren Ende als Abschluss eine Dekoration aus Bucheckernhülsen angebracht. Wir bestecken die abgeschnittene Spitze eines Hartschaumkegels mit den Hülsen (Bild 7) und befestigen das Ganze mit drei Haften am unteren Ende der Kugel. Nach Belieben können zusätzlich vereinzelte Bucheckernhülsen auf der Kugel verteilt werden.

Solche Blätterkugeln, egal welcher Grösse, sind von geringem Gewicht und lassen sich mit feinem Faden oder Silk an Decken oder Balken aufhängen.

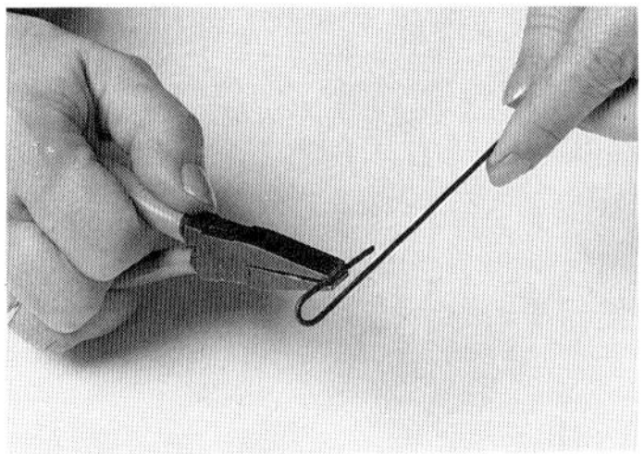
1

2

3

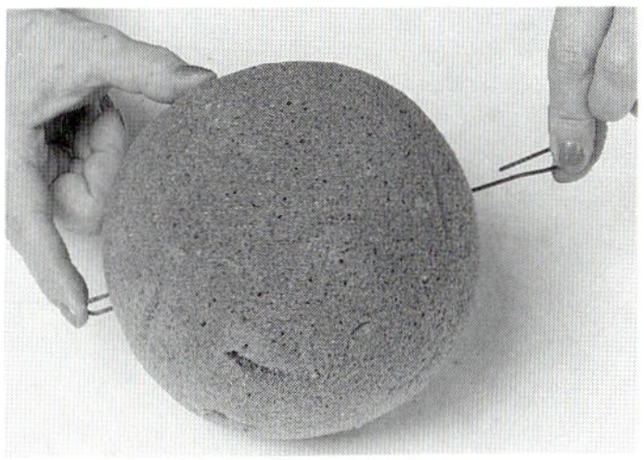

4

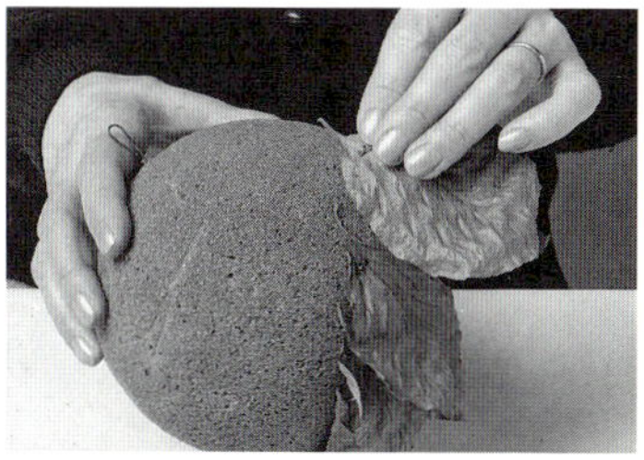

5

6

7

Das Überwintern von Pflanzen

Geht es Ihnen auch so? Jeden Herbst, wenn die ersten Nachtfröste zu erwarten sind und alle empfindlichen Pflanzen in ihr geschütztes Winterquartier geräumt werden müssen, sind es wieder mehr an der Zahl als im Vorjahr. Entweder sind Geschenke dazugekommen, oder man konnte auf dem Pflanzenmarkt selbst nicht widerstehen, oder grössere Pflanzen wurden umgetopft und geteilt. Wie dem auch sei, es heisst, für jede Pflanze die artgerechte Überwinterung zu finden. Die meisten Pflanzen schätzen den kühlen Keller oder Estrich. Ungeheizte, helle Treppenhäuser sind ideal für empfindlichere Pflanzen, die in den Wintermonaten etwas mehr gegossen werden müssen. Wenn man sie täglich sieht, vergisst man sie weniger. Mir geht es jetzt aber um die Zimmerpflanzen, die während der Sommermonate auf dem Balkon oder einem Fenstersims Quartier bezogen hatten. Sie müssen unbedingt vor den ersten kalten Nächten wieder in die Wohnung zurück. Was nun, wenn der Platz in den Wohnräumen nicht mehr ausreicht? Falls Sie ein Badezimmer mit Fenster oder Glasbauziegeln haben – denn viel Licht ist die Bedingung für alle Zimmerpflanzen –, dann wagen Sie den Versuch, einige Pflanzen, die das feuchtwarme Klima schätzen, hier zu überwintern. Gute Erfahrungen habe ich mit Sukkulenten, Wolfsmilchgewächsen, Zimmerefeu und dem sogenannten Frauenhaar gemacht. Fragen Sie im Zweifelsfall ihren Gärtner. Beim Lüften ist im Winter für alle Pflanzen grösste Vorsicht geboten.

Rotul.

Der Herbst sorgt mit seinen kürzer werdenden Tagen dafür, dass wir unsere Freizeit wieder vermehrt in der Wohnung verbringen. Für begeisterte Bastler ist dies der Auftakt zu kreativem Schaffen. Sie freuen sich, gesammelte Ideen verwirklichen zu können. Es ist auch ein beruhigendes Gefühl, die Schätze der fruchtbaren Jahreszeiten jetzt in Musse zu verarbeiten.

Den Herbst konservieren

Kernenketten

Im Herbst ist Erntezeit, und das heisst auch jedes Jahr wieder Apfelzeit. Die Äpfel bieten uns nebst der saftigen Frucht im Innern des Kerngehäuses eine Anzahl von Kernen. In einem offenen Gefäss sammeln wir alle Apfelkerne, die wir finden können. Nach einigen Wochen, je nach Apfelkonsum, haben wir eine genügende Menge zur Herstellung von Halsketten. Wir benötigen starken Zwirn, eine Nähnadel und eventuell einen Fingerhut. Jeder Kern wird einzeln in der Mitte durchstochen und sorgfältig über die Nadel geschoben (Bild 1/2). Mit dem Finger reihen wir Kern für Kern aneinander, bis die Kette die gewünschte Länge hat (Bild 3). Als Variante können zu den Kernen noch verschiedene Glasperlen kombiniert werden (Bild 4). Solche Ketten sind ein idealer Schmuck für Kinder und können sogar zum Apfelessen ansporen.

1

2

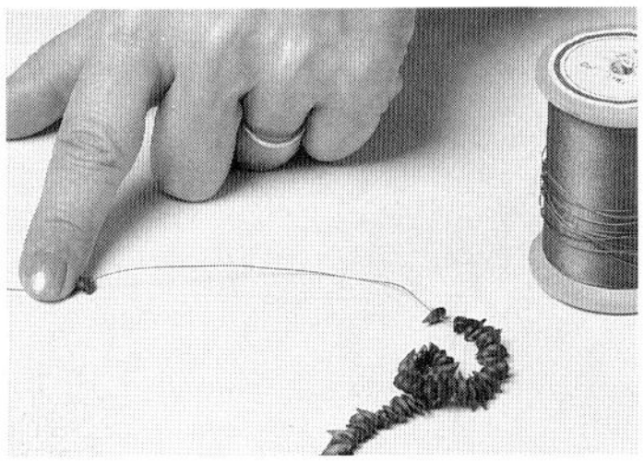
3

4

Büchsen mit Blättern verzieren

Kartonbüchsen von Kakao, Tee usw. überstreichen wir mit deckender Acrylfarbe und lassen sie einige Stunden trocknen (Bild 5). Die gepressten Blätter bestreichen wir auf der Rückseite sorgfältig mit Weissleim und kleben sie zu einem gewünschten Motiv auf die Büchse. Mit der Hand drücken wir die Blätter fest an (Bild 6). Nachdem der Leim trocken ist, umwickeln wir die ganze Büchse zum Schutz mit selbstklebender, transparenter Folie (Bild 7). Solche Büchsen können bereits von jüngeren Kindern, unter Anleitung und Hilfe von Erwachsenen, gebastelt werden.

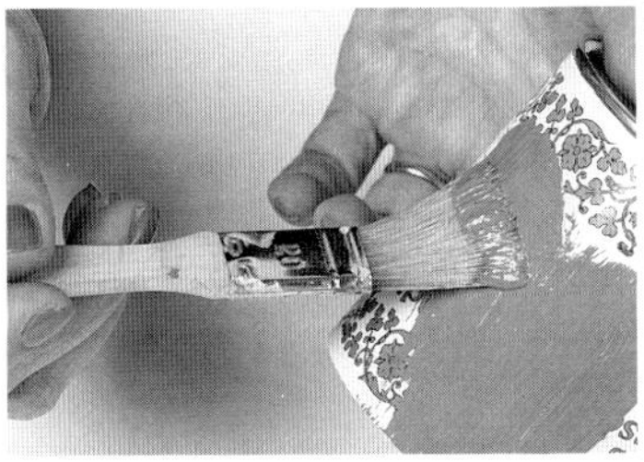
5

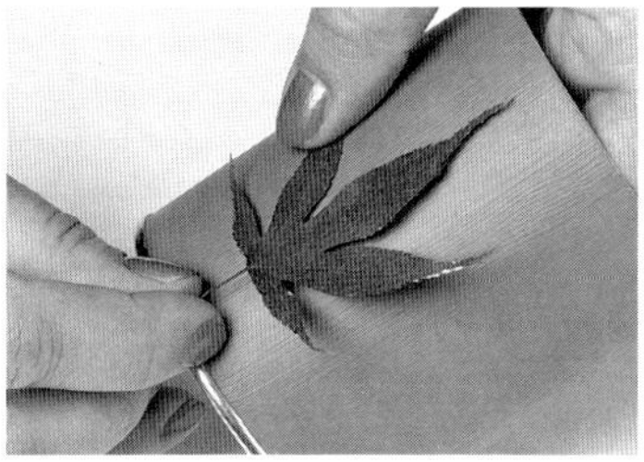
6

7

Der Herbstbalkon

Das Sammeln und Trocknen von Pflanzen beginnt zwar schon im Sommer, aber trotzdem ist im Herbst eigentliche Hochsaison dafür. Wenn Balkon und Garten abgeräumt werden, ist bei weitem nicht alles Kompostiergut. Blütenstände, Samenkapseln, Früchte und letzte Blüten werden sorgfältig geschnitten, sortiert und wenn möglich von den Blättern an den Stielen befreit. Das Zusammenhalten mit Gummibändern hat den Vorteil, dass die Sträusse beim Schrumpfen nicht gleich auseinanderfallen (Bild 1). Zum Trocknen eignen sich luftige Orte wie Dachböden, Treppenhäuser oder geschützte Balkone. Das Trocknen im Freien dauert etwas länger, hat aber den Vorteil, dass die Stiele nicht so spröde werden und deshalb beim Verarbeiten nicht gleich brechen. Obwohl wir uns nicht mehr so oft auf dem Balkon aufhalten wie im Sommer, können wir uns doch ab und zu an unserer Ernte erfreuen und uns bereits für die weitere Verarbeitung inspirieren lassen.

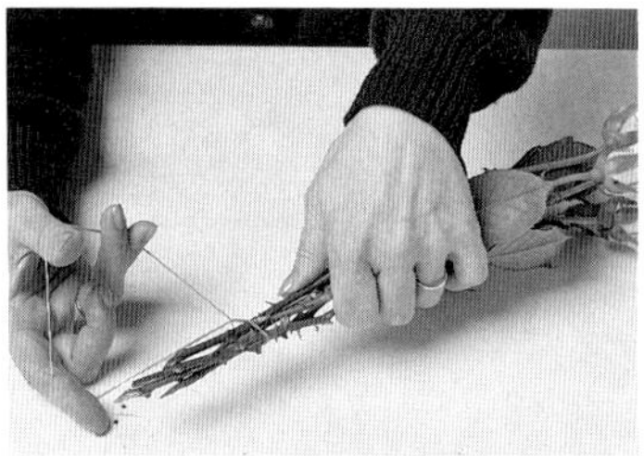
1

Auch die Vorbereitungen für unsere ersten Frühlingsblumen müssen wir jetzt im Herbst treffen. Wenn Sie auf einem Fenstersims Ihrer Wohnung die ersten Frühlingsboten bewundern möchten, so füllen Sie jetzt (ca. Ende Oktober) eine Blumenkiste halb mit Blumenerde, legen Zwiebeln von Osterglocken, Krokussen, Schneeglöcklein usw. mit der Spitze nach oben hinein und decken die Zwiebeln mit einer Schicht Blumenerde von ca. 5 cm zu (Bild 2/3). Falls unsere Blumenkiste nicht vom Regen ab und zu befeuchtet wird, giessen wir sie beim Eintopfen tüchtig und dann erst wieder im Frühling, wenn die ersten Spitzen sichtbar werden. Die Blumenkiste sollte am Boden mit Löchern versehen sein, damit keine Staunässe entstehen kann. Um den Fenstersims zu schützen, stellen wir die Blumenkiste auf einen Untersatz aus Kupferblech.

Wer im Herbst noch Vorfenster montieren muss, kann sich, nebst der mühsamen Arbeit, auch ein besonderes Schauspiel ermöglichen, die sogenannte Winterblüte auf Hyazinthengläsern. Wir kaufen im Fachgeschäft Ende September, Anfang Oktober speziell dafür präparierte Zwie-

2

3

beln und schaben mit einem Küchenmesser die letztjährigen Wurzeln restlos weg (Bild 4). Die Gläser füllen wir bis ca. 1 cm unter dem Wurzelboden mit frischem Wasser und stellen sie zwischen die Fenster (Bild 5). Die Zwiebeln werden mit Papierhütchen verdunkelt (Bild 6). Nach einiger Zeit beobachten wir, wie sich langsam Wurzeln bilden, die bald einmal bis ins Wasser reichen (Bild 7). Einige Wochen später, wenn sich reichlich Wurzeln gebildet haben und der Trieb unter dem Hütchen zu wachsen beginnt, entfernen wir dieses und lassen die Pflanze bis zur Blüte gedeihen. Das Wasser sollte nur bei Trübung erneuert werden, sonst genügt gelegentliches Nachgiessen.

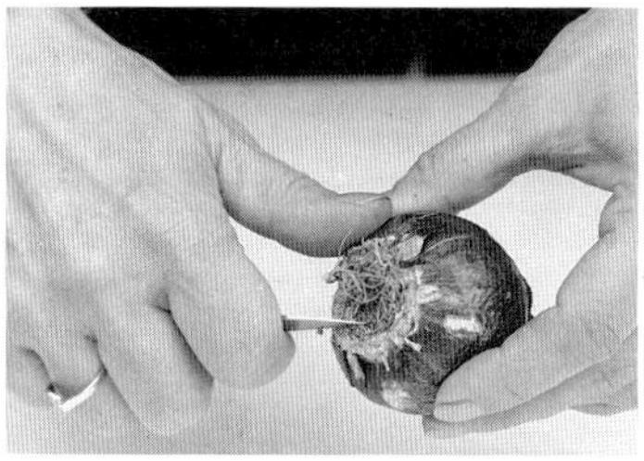
4

6

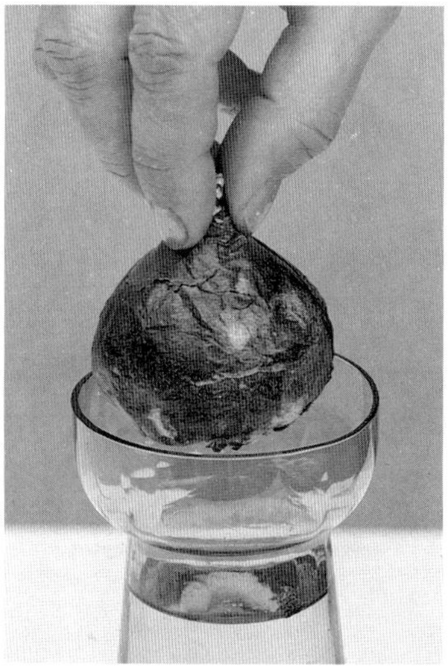
5

7

Die Papierhütchen können gleich mit den Blumenzwiebeln im Fachgeschäft gekauft werden, oder wir basteln sie selbst. Für vier Hütchen brauchen wir ein Stück lichtundurchlässiges Papier von ca. 35 x 35 cm. Mit dem Zirkel zeichnen wir einen grossen Kreis von 33 cm Durchmesser auf und schneiden ihn mit der Schere aus. Wir teilen den Kreis in vier gleichgrosse Viertelkreise und schneiden bei jedem Viertel an einer Kante einen Streifen von ca. 1,5 cm weg, und zwar nicht ganz bis zum Mittelpunkt (Bild 8). So entsteht an der anderen Schnittlinie die Leimkante. Diese bestreichen wir auf der Rückseite mit Leim, indem wir das restliche Papier abdecken (Bild 9). Wir kleben das Hütchen zusammen und pressen es, bis der Leim angezogen hat (Bild 10).

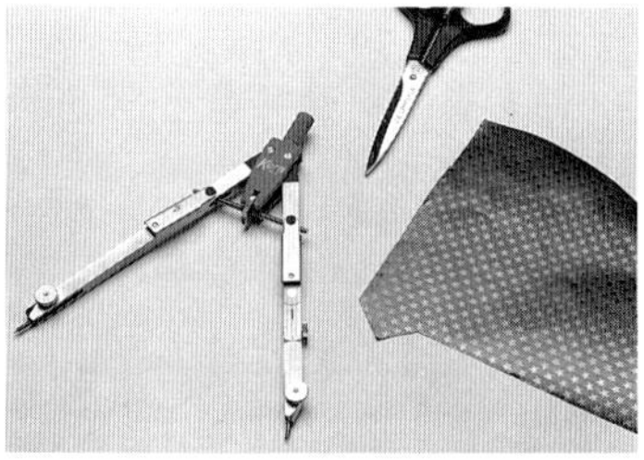
8

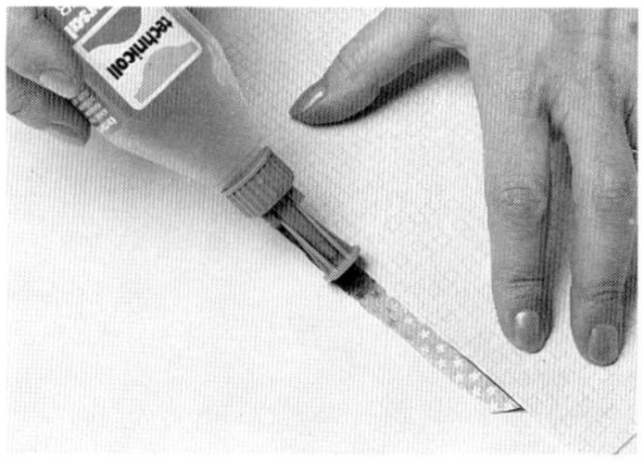
9

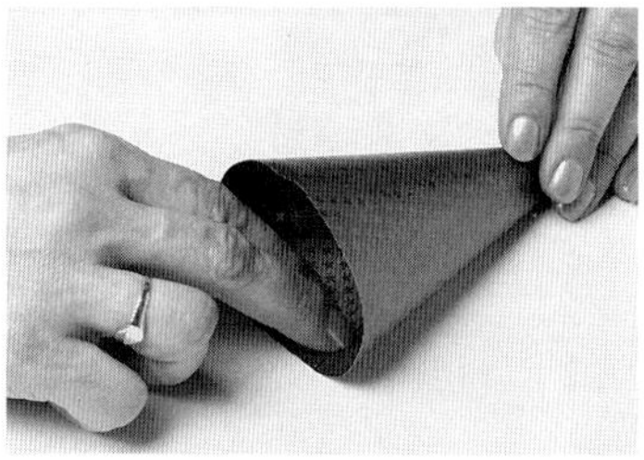
10

Habe nur Geduld!
Unter dieser Last von Schnee
grünt die Erde schon.

Ellen Hassmann-Rohlandt

Der Winterstrauss

Obwohl er «nur» aus Gerippen von Hortensienblüten besteht, wird der Winterstrauss zu einem Schmuckstück für unsere Wohnung. Wir übernehmen die runde Form der Hortensien gleich für die Gestaltung des ganzen Strausses und versuchen auf diese Weise das Charakteristische dieser Pflanze zu betonen. Mit einem Brotmesser schneiden wir eine Hartschaumkugel entzwei, denn eine Hälfte davon genügt uns als Grundlage (Bild 1). Das unterste Drittel der Halbkugel bleibt frei, da dieses später vom Gefäss verdeckt sein wird. Mit dem Stecken beginnen wir in der untersten Reihe und schliessen diese zu einem Kreis. Jede Dolde betrachten wir zuerst von allen Seiten und wählen dabei die am besten passende, um eine ausgeglichene Endform zu erhalten (Bild 2). Nachdem der obere Teil der Halbkugel besteckt ist, sollte diese nicht mehr sichtbar sein. Trotz der Transparenz der einzelnen Dolden, ergeben sie zusammen eine gewisse Fülle. Das Besprühen mit Glimmerhaarspray verleiht dem Strauss einen Hauch von Glanz, und er wirkt, als ob ein feiner Sprühregen darauf gefroren sei (Bild 3). Als Präsentationsgefäss wählen wir eine weisse Suppenterrine aus Porzellan. Mit Blumenkitt montieren wir in der Mitte einen sogenannten Pinholder (Bild 4). Die vier Stacheln halten die Hartschaumkugel fest, die wir nun vorsichtig in die Terrine stellen und leicht festdrücken (Bild 5). Besonders reizvoll an diesem Trockenstrauss sind die Blütenblätter, die den Herbststürmen standgehalten haben und vereinzelt noch vorhanden sind.

1

2

3

4

5

Adventsgestecke

Die Vorweihnachtszeit ist etwas ganz Besonderes, und deshalb schmücken wir Häuser, Strassen, Türen und natürlich unsere Wohnung jedes Jahr aufs neue. Der Phantasie sind keine Grenzen gesetzt, und der geheime Wunsch nach Kitsch darf endlich ausgelebt werden. Ich möchte mit meinen Vorschlägen keine Familientradition brechen oder die gebundenen Adventskränze verdrängen. Zusätzlich zum traditionellen Schmuck kann ich mir solche Schalen im Entree oder auch in einer Wohnküche vorstellen.

In eine möglichst flache, grosse Früchteschale pflanzen wir einige sogenannte Ananaspflanzen ein. Den restlichen Platz füllen wir mit Vogelsand und Glassplittern auf. Die Erde rund um die Pflanzen decken wir mit Moos ab, damit sie nicht zu schnell austrocknet (Bild 1). Kräftige und gut zusammenhängende Moospolster finden wir im Wald auf Baumstrünken oder morschen Holzstücken. Die Kerzen drücken wir nur leicht in den Sand, angedrahtete Glaskugeln und Ziergegenstände können mühelos durch das Moos in die Erde gesteckt werden (Bild 2). Falls wir die Kugeln verzieren möchten, bestreichen wir sie mit etwas Leim und wenden sie anschliessend in Glimmerpulver (Bild 3/4). Die Schleife aus feinem Lamettaband wirkt für eine solche Pflanzenschale etwas luftiger als kompaktes Seidenband und lässt sich angedrahtet ebenfalls in Erde oder Sand stecken (Bild 5). Solche Gestecke sind pflegeleicht und brauchen nur ab und zu etwas Wasser. Beim Umplazieren verlieren sie

1

2

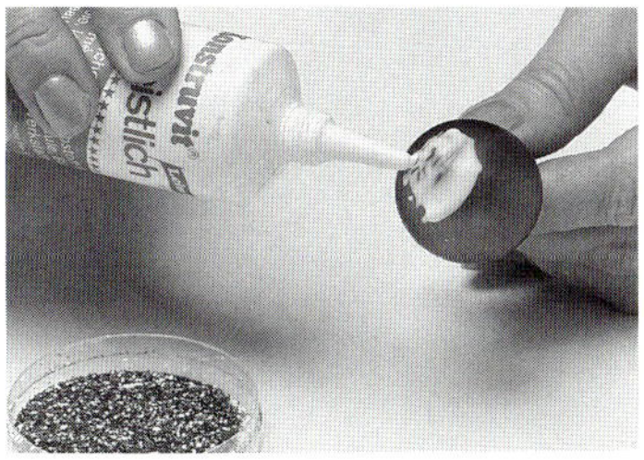
3

4

5

keine Nadeln oder sonstige Abfälle, und das Abbrennen der Kerzen ist absolut gefahrlos.

Der zweite Vorschlag ist ein Trockengesteck in einem selbst hergestellten Keramikkranz. Die Technik des Steckens entspricht der des Winterstrausses und kann im entsprechenden Kapitel nachgelesen werden (Seite 52).

Die Girlande

Nach alter Tradition werden in der Vorweihnachtszeit Türen und Fenster mit Girlanden geschmückt. Treppen- oder Balkongeländer eignen sich dazu ebenfalls. Der Aufwand an Material und Arbeitszeit ist recht gross; auch sind einige Vorbereitungen zu treffen. Als Unterlage besorgen wir uns eine dicke Kordel oder ein Kunststoffseil in der Länge der geplanten Girlande. Das Grundmaterial wird zugeschnitten und die einzelnen Zweige eventuell gebündelt bereitgelegt. Koniferenzweige haben gegenüber Tannenzweigen den Vorteil, dass sie beim Verarbeiten nicht stechen und sehr biegsam sind. Die Trokkenblumen werden zu kleinen Sträussen gebunden, um sie hinterher an der fertig montierten Girlande zu befestigen (Bild 1). Unbeschädigte Nussschalenhälften kleben wir wieder zu ganzen Nüssen zusammen, indem wir gleichzeitig eine Schlaufe aus Gold- oder Silberkordel einleimen (Bild 2). Die Nüsse können entweder einzeln oder in ganzen Trauben an die fertige Girlande gehängt werden.

Nach all diesen Vorbereitungen beginnen wir mit dem Binden der Girlande. Die zugeschnittenen Zweige ordnen wir rings um die Kordel an und umwickeln sie mit Blumendraht. Um eine dichte Girlande zu erhalten, bedecken wir jeweils die vorhergehenden Zweige bis zur Hälfte mit den Zweigen der neuen Runde und binden sie so satt wie möglich rund um das Seil (Bild 3). Am Ende der Girlande befestigen wir einige Zweige in der Gegenrichtung, um einen sauberen Abschluss ohne sichtbare Stiele zu

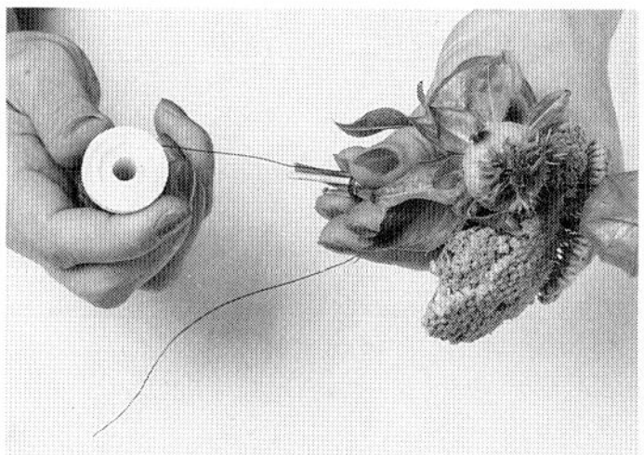
1

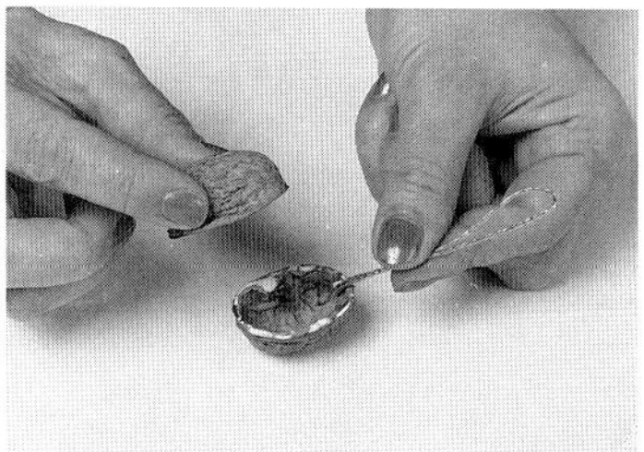
2

3

erhalten. Jetzt kann die Girlande sorgfältig um das Geländer geflochten werden. An einigen Stellen befestigen wir sie mit beschichtetem Blumendraht, damit sie jedem Sturmwetter standhalten kann. Nachdem Trockensträusse und Nüsse an der Girlande befestigt sind, umwickeln wir einige Stellen zusätzlich mit Efeuranken. Als Adventsschmuck gedacht, verleihen einige Maschen aus Seidenband der Girlande eine besonders festliche Note. Das Band wird in verschieden grosse Schlaufen gelegt und in der Mitte mit einem Blumendraht zusammengehalten. Die beiden Drahtenden dienen zur Befestigung an der Girlande (Bild 4/5). Der Aufwand hat sich wohl gelohnt, und ein solcher Schmuck wird Sie und alle Leute, die das Haus betreten, wochenlang erfreuen.

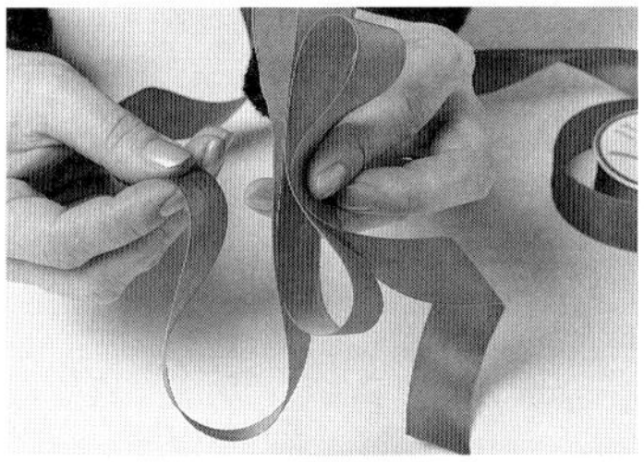
4

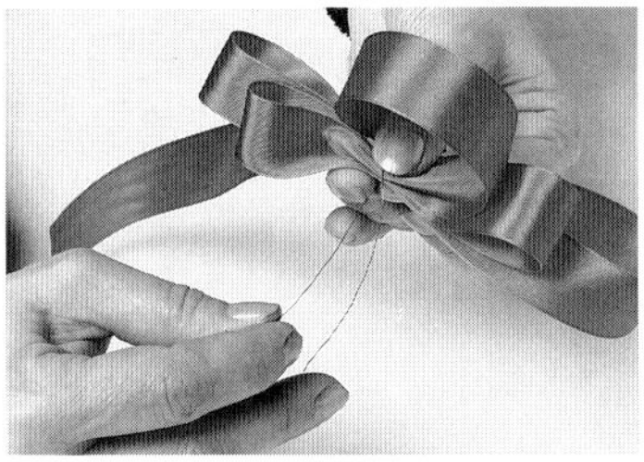
5

Der Miniaturweihnachtsbaum

Diese kleinen Weihnachtsbäumchen finden dank ihrer geringen Grösse beinahe auf jedem Schreibtisch Platz. Aus Sicherheitsgründen verzichten wir auf kleine Kerzen. Je nach Empfänger wählen wir die Farben der Kugeln und Ketten aus und schmücken das Bäumchen individuell. Als Geschenk, oder auch für uns selbst, verbreitet es am Arbeitsplatz weihnächtliche Stimmung. Solche Bäumchen sind aber nicht nur im Büro willkommen, sie können ebensogut ein Spital- oder Krankentischchen schmücken.

Wir besorgen uns aus dem Bastelgeschäft einen Hartschaumkegel in der gewünschten Grösse und Drahthaften. Koniferen- oder Tannenzweige schneiden wir in kleine Stücke und befestigen sie, von oben nach unten arbeitend, mit den Drahthaften am Kegel (Bild 1). In einem kleinen, tellerähnlichen Gefäss kleben wir mit Blumenkitt einen Metalligel oder Pinholder fest und drücken den Miniaturbaum darauf fest (Bild 2). Mit einigen losen Zweiglein verdecken wir die untersten Drahthaften. Die kleinen Glaskugeln können bereits angedrahtet gekauft und direkt in die Hartschaummasse gesteckt werden. Feine Metall- oder Lamettafäden drahten wir entweder an oder legen sie lose über die Zweige. Die Kugelketten wickeln wir locker um den kleinen Baum und befestigen sie am Anfang und Ende mit Drahthaften (Bild 3). Nach Wunsch können solche Bäumchen zusätzlich mit Glimmer- oder Glimmerhaarspray besprüht werden.

1

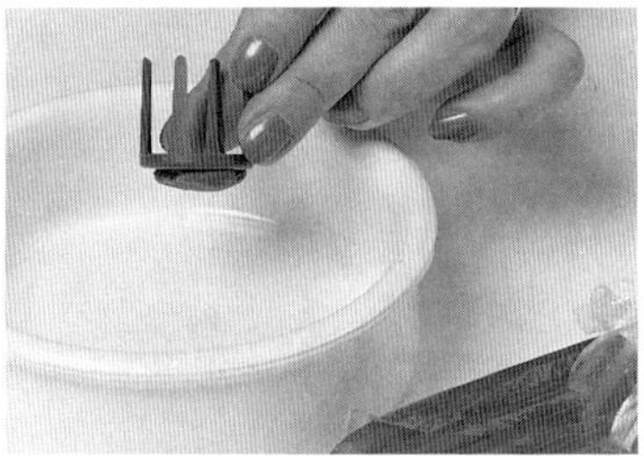
2

3

Den Winter konservieren

Die Idee dazu stammt eigentlich von meinen Kindern. Sie baten mich einmal im Winter, einige Schneebälle in der Tiefkühltruhe aufbewahren zu dürfen. Wir räumten also das unterste Fach aus und legten die wohlgeformten Kugeln sorgfältig hinein. Nach einigen Wochen war dann diese Aktion wieder vergessen, und erst als ich vor der Beeren- und Gemüseernte die Kühltruhe abtauen und reinigen wollte, fand ich die Schätze des letzten Winters. Die Überraschung war perfekt. Ich lud die Nachbarskinder ein und organisierte eine Kinderparty mit Schneeballschlacht – und zwar mitten im Sommer. Bis zum letzten Krümel wurden die zerfallenen Schneebälle «verwertet», und es war für uns alle ein Riesenspass.

Jetzt habe ich die Idee wieder aufgenommen. Ein kleiner Schneemann, den ich beim letzten Schneefall formte, ruht in einem Gefrierbeutel in der Kühltruhe (Bild 1). Anstelle eines Blumenstrausses wird er im Sommer den Geburtstagstisch einer lieben Freundin zieren. Mit Sicherheit haben auch Sie Bekannte, die Spass verstehen und sich an einem solchen Geschenk freuen können. Auf alle Fälle ist es aber ein guter Anlass für ein paar Gedanken über die Vergänglichkeit.

1

Der Wintertisch

Das grosse Fest ist da! Mit Weihnachten sind meistens grössere Einladungen verbunden, und das heisst viel Arbeit in Küche und Haus. Gut geplantes Vorgehen ist die Voraussetzung für das Gelingen und lässt uns mit Freude auf den Anlass hinarbeiten.

Wir beginnen beim Vorbereiten gleich mit dem Tisch. Falls die Zahl der Gäste die Sitzgelegenheiten am Esstisch überschreitet, so besteht immer noch die Möglichkeit einer Buffeteinladung. Mit einem Tischtuch, das bis zum Boden reicht, kann sogar der Gartentisch getarnt werden. Um das Tischtuch vor Kerzentropfen und Speiseflecken zu schützen, bedecken wir die Tischfläche zusätzlich mit einem speziellen Tischpapier, das auf Rollen zu kaufen ist. Rings um den Tisch oder, wenn der Tisch an der Wand oder in einer Ecke steht, auf allen sichtbaren Seiten befestigen wir der Kante entlang mit Stecknadeln eine gekaufte Lamettagirlande am Tischtuch. Um diese Girlande schlingen wir locker einige Efeuranken. Zusätzliche Efeuranken und einige Tannenzweige legen wir beiseite, um sie beim Auftischen zwischen Schüsseln und Platten zu legen. Kerzen, Servietten und andere Accessoires stimmen wir farblich aufeinander ab. Bei unserer Dekoration wählte ich die Farben Kupfer, Lachs und Orange. Die aus der Kupferfolie ausgeschnittenen Blätter hängen wir zwischen die echten Efeublätter an die Ranken. Diese Blätter können im voraus gebastelt werden und bieten auch für Kinderhände keine Schwierigkeiten. Man schneidet aus einem Karton verschiedene Blattformen aus. Auf einer Unterlage, zum Beispiel der Rückseite eines Schreibblockes, umfahren wir die Umrisse der Schablone und zeichnen so die Form des Blattes auf die Metallfolie (Bild 1). Beim Ausschneiden achten wir darauf, dass die Blattstiele nicht zu schmal und etwa 5 cm lang werden (Bild 2). Auf derselben Unterlage wie beim Vorzeichnen markieren wir die Blattrippen. Dazu eignen

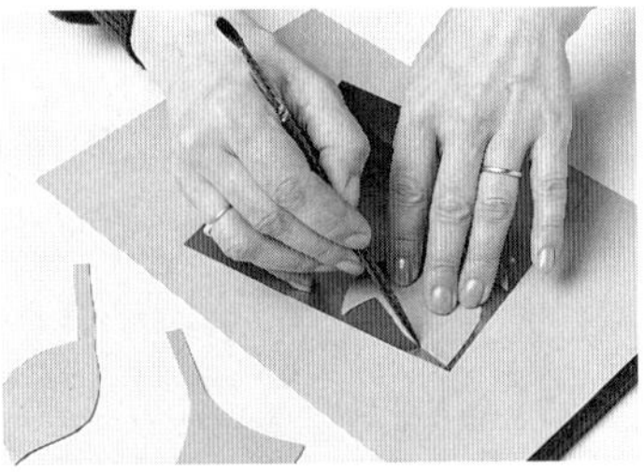

1

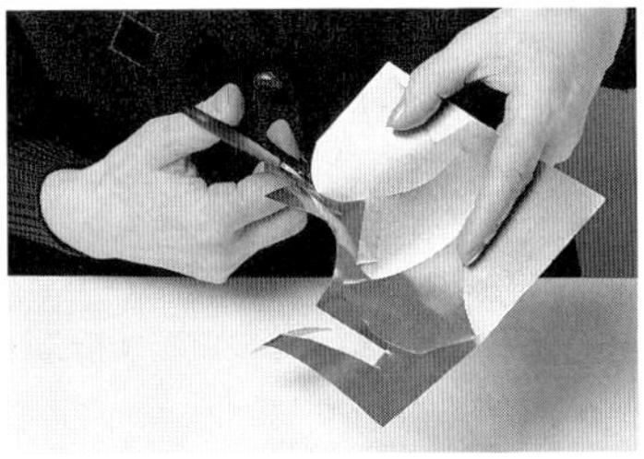

2

sich Pinselstiele, Zahnstocher oder Manikürestäbchen besser als ein Bleistift (Bild 3). Zuletzt rollen wir mit Hilfe des Pinsels den Blattstiel etwas auf, damit wir die Blätter bequem an die Ranken hängen können (Bild 4). Die Kupferfolie hat, vor allem bei Kerzenlicht, einen dezenten Glanzeffekt. Die mit Gewürznelken besteckten Orangen und das Bündel Zimtstangen verbreiten im ganzen Raum einen herben, würzigen Duft (Bild 5). Ein solcher Weihnachtstisch kann ohne Probleme bereits am Vortag geschmückt werden, damit Sie sich am Einladungstag auf die Zubereitung und Präsentation der Speisen konzentrieren können. Viel Spass und fröhliche Weihnachten!

3

4

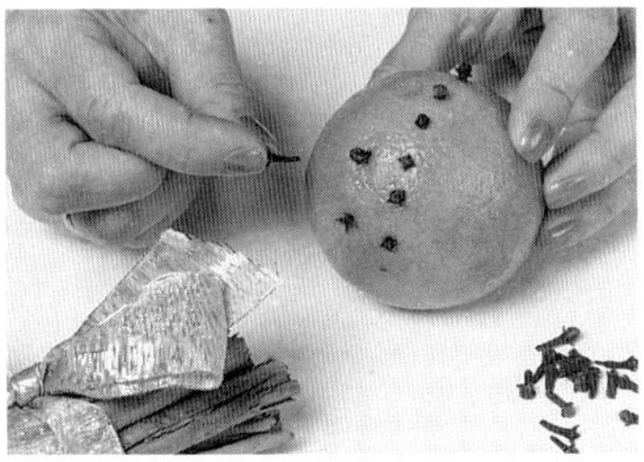
5

Frühling

Von viel tausend Blumen golden
Und besprengt mit weissen Dolden
Fällt die Wiese zu Gesicht.
Rote, blaue Blumen mischet
Euch noch bei, nur ganz verwischet
Mir den grünen Lenz noch nicht!

Karl Mayer

Der Frühlingsstrauss

Er liegt vor der Tür, der Frühlingsstrauss. Wir müssen ihn nur aufnehmen und einstellen. Gemeint sind die Äste, die im Frühling zu Dutzenden unter den Obstbäumen liegen. Je nach Witterung und Obstsorte beginnen die Bauern bereits ab Mitte Januar mit dem Zurückschneiden der Obstbäume. Die Äste bleiben dann meistens am Boden liegen, bis alle Bäume zurückgeschnitten sind, und werden eingesammelt, bevor das Gras zu wachsen beginnt. Das Liegenlassen der Äste hat aber noch einen weiteren Grund. Die Knospen, die meist schon zahlreich vorhanden sind, dienen dem Wild als zusätzliche Nahrung und schützen zugleich die Baumstämme vor Wildschäden. In diesen Knospen sind die Blüten bereits im Ansatz vorhanden, und wir können zu Hause in der Wohnung ein kleines Wunder der Natur erleben. Die Äste werden wenn möglich am Ansatz noch einmal mit einer Baumschere schräg abgeschnitten, damit die Wasseraufnahme auf einer möglichst grossen Fläche stattfinden kann (Bild 1). Die Vase füllen wir mit warmem Wasser und wechseln es erst wieder bei Trübung (Bild 2). Je nach Raumtemperatur und Entwicklungsstadium der Knospen können wir diese buchstäblich wachsen sehen und erleben, wie sie aufspringen und ihre Blüten sich entfalten. Es fehlt nur noch, dass der künstliche Vogel, den es in Bastel- und Blumenläden zu kaufen gibt, zu pfeifen beginnt.

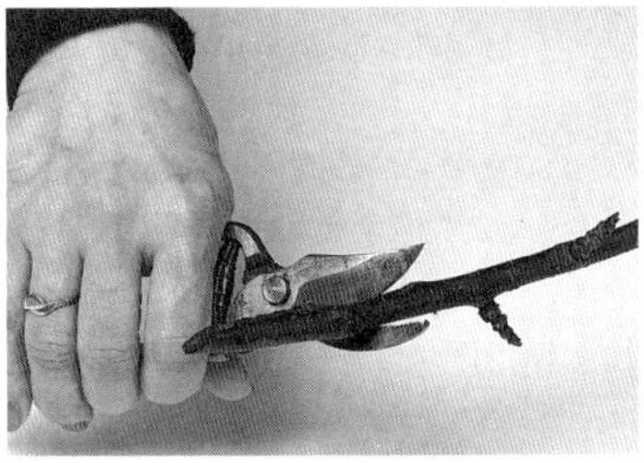
1

2

Der Frühlingsbalkon

Was wir in dieser Jahreszeit so sehnlich erwarten, das sind die ersten Blumen, die ersten Blätter, die milden Temperaturen und die länger werdenden Tage. All das weckt in uns Menschen auch wieder etwas mehr Lebensgeister, und voller Tatendrang stellen wir oft die ganze Wohnung auf den Kopf. Die verstaubten Trockensträusse und -kränze werden vom Blumendraht befreit und wandern auf den Kompost. Grün ist wieder gefragt, und gespannt warten wir auf das Spriessen der ersten eigenen Blumen. Bei Sonneneinstrahlung wird jetzt die Temperatur zwischen den Fenstern recht hoch, und die Hyazinthen beginnen zu blühen. Damit die Blüten nicht zu schnell welken, stellen wir die Gläser ins Freie auf einen Fenstersims. Die Blumenzwiebeln, welche wir im Herbst ins Kistchen eingepflanzt haben, brauchen etwas mehr Zeit bis zur Blüte. Trotzdem haben schon einige Krokusse und die Traubenhyazinthen den Durchbruch gewagt. So richtig frühlingshaft wird unser Fenstersims aber erst mit den Primeln. Sie werden im Fachgeschäft und auf dem Markt in vielen Farben und Sorten angeboten. Wer könnte da widerstehen!

Der Frühlingstisch

Wer gerne kocht und Einladungen macht, ist damit an keine festen Anlässe gebunden. Tisch- und Esskultur zu pflegen ist eine wunderschöne Sache, und wir lassen dabei auch die Jahreszeiten ein bisschen mitreden. Für unser Frühlingsgesteck brauchen wir Buchszweige, Tulpen, Schleierkraut und Bärengras. Achten Sie bei Tischdekorationen darauf, dass die Farben von Blumen, Geschirr, Tischwäsche und Accessoires aufeinander abgestimmt sind. Stark duftende Blumen wie Freesien, Nelken, Goldlack usw. eignen sich nicht besonders für den Tisch, da sie den Geruch der Speisen beeinträchtigen.

Zuerst suchen wir uns ein geeignetes, nicht zu hohes Gefäss aus und füllen es randvoll mit Steckmoos (Oasis) (Bild 1). Das Moos wird langsam bis zur Sättigung mit Wasser begossen (Bild 2). Wir beginnen beim Stecken immer mit dem Rand und füllen die Schale langsam bis zur Mitte hin (Bild 3/4). Die Gesamthöhe des Gestecks sollte nicht mehr als 20 cm betragen, damit die Sicht zu den Tischnachbarn frei bleibt. Gestecke mit Tulpen dürfen 1–2 Tage im voraus gearbeitet werden, da diese Blumen die Köpfe selbst aufrichten und so dem Arrangement eine schöne Form geben.

Die Buchszweige am oberen Tellerrand sind einfach und schnell herzustellen und verleihen der Tafel eine besondere Note. Man benötigt dazu pro Zweig ca. 20 cm isolierten Kupferdraht, wie ihn Elektriker verwenden. Darum herum bindet man mit grünem, feinem Blumendraht die zugeschnittenen Buchszweiglein fest (Bild 5). Der fertige Zweig kann durch leichtes Biegen mühelos der Tellerform angepasst werden (Bild 6). In feuchtem Haushaltspapier bleiben solche Dekorationen einige Zeit frisch und können deshalb gut vorbereitet werden.

1

2

3

4

5

6

Bleibt der Kachelofen an Ostern kalt? Wir sind optimistisch und hoffen auf warmes Frühlingswetter. Kissen und Wolldecken verschwinden vom Ofen, und wir belegen die ganze Sitzfläche mit Heu. Zu kaufen gibt es dieses in jeder Kleintierabteilung von Warenhäusern und Lebensmittelmärkten. So entsteht ein fein duftendes Nest für unsere kleine Hühner- und Eiersammlung. Im Zentrum steht eine rustikale Schüssel als eigentliches Osternest mit den gefärbten Eiern. Diese liegen für einmal in echtem Spreu und nicht in gefärbtem Ostergras. Gelb ist die Farbe der Sonne und des Frühlings, und gelb ist auch unser Osterstrauss aus Forsythien und Narzissen. Dieselbe Farbe habe ich für den kleinen Ostergarten gewählt, der auch allein als Dekoration verwendet werden kann. In einen grossen Glas- oder Keramikblumenteller pflanzen wir ein Moospolster ein, wie es überall in Blumengeschäften angeboten wird (Bild 1). Die restlichen zwei Drittel des Gefässes füllen wir mit Sand, zum Beispiel Vogelsand aus der Kleintierhandlung (Bild 2). Der Sand bietet guten Halt für die Eierkerzen und fängt beim Abbrennen der Kerzen die Wachstropfen auf (Bild 3). Auch Stroh- und Trockenblumen können mühelos direkt in den Sand gesteckt werden. Eine Lage aus Steckschaum erübrigt sich deshalb. Die gesammelten Steine und Schneckenhäuser vervollständigen unseren Miniaturgarten und sehen besonders edel aus, wenn sie mit Seidenglanzlack einmal gestrichen sind.

1

2

3

Das grosse Papiermaché-Huhn könnte zur Familienbastelarbeit werden, die allerdings einige Wochen vor Ostern in Angriff genommen werden sollte. Aus gut durchgeknetetem, trockenem Zeitungspapier stellen wir die Grundform, den Kern des Huhns, her und umwickeln diesen mit starkem Bindfaden (Bild 4). Mit Tapetenkleister getränkte Papierstreifen werden nun in ca. 6–8 Schichten über den Zeitungskern geklebt und sorgfältig glattgestrichen (Bild 5). Aus der weichen Oberfläche lassen sich Schnabel, Kamm und Schwanzfedern leicht modellieren oder wenn nötig mit zusätzlichem Kleisterpapier ansetzen (Bild 6). Das fertige Huhn wird an einem warmen Ort getrocknet. Vor dem Bemalen grundieren wir das ganze Huhn mit weisser Acrylfarbe, um ein Durchschimmern des Zeitungsdruckes zu verhindern (Bild 7). Nachdem auch die Grundierung gut trocken ist, kann das Huhn bemalt werden. Wir verwenden mit Vorteil Acrylfarbe, da sie nach dem Trocknen wasser- und wischfest ist. Sie ist in matter oder glänzender Qualität erhältlich (Bild 8).

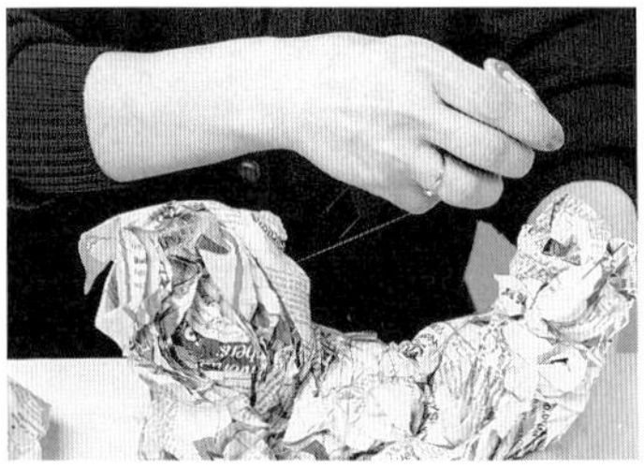
4

5

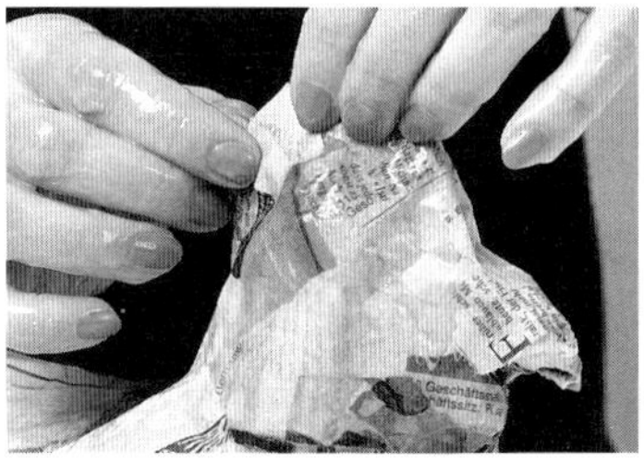
6

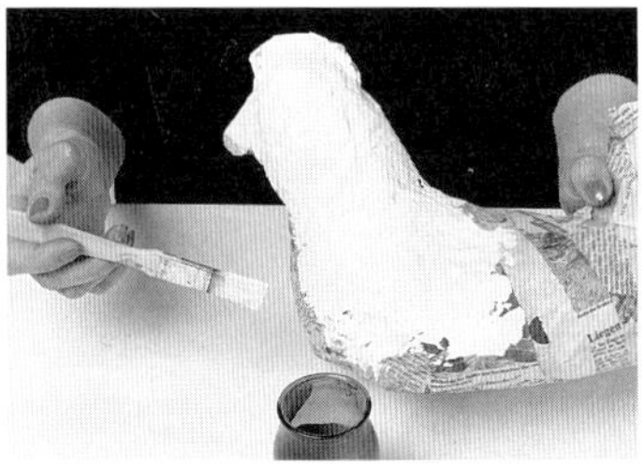
7

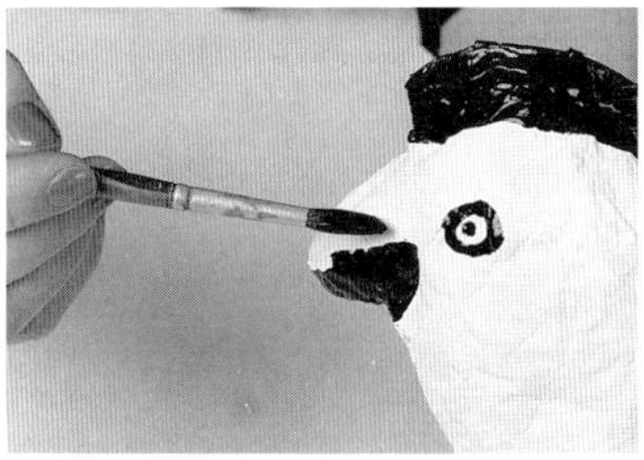
8

Als Türdekoration habe ich mir einen echten Eierkarton ausgesucht, den ich österlich verzieren möchte. Buchszweiglein, gelbe Stadicen (Strandnelken), angedrahtete Watteeier und Schwanenfedern bindet man mit einem langen Stück Blumendraht zu einem kleinen Strauss zusammen (Bild 9). Die beiden Drahtenden bohren wir nebeneinander durch den weichen Karton und drehen sie auf der Rückseite zusammen (Bild 10). Aus dem gedrehten Draht formen wir mit Hilfe einer Zange die notwendige Aufhängeschlaufe (Bild 11). Die grosse Masche aus lockerem Leinengewebe wird separat, aber auf dieselbe Weise wie der Strauss, am Karton befestigt, allerdings ohne Aufhängeschlaufe.

9

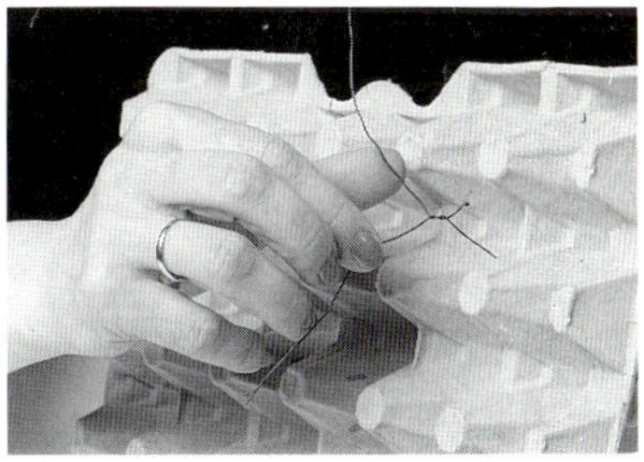

10

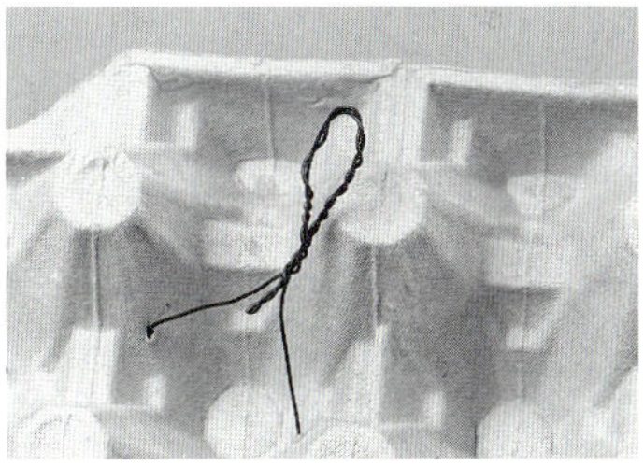

11

Da diese Türdekoration nach Ostern ihre Aktualität verloren hat, bereiten wir gleich noch eine zweite vor. Sie schmückt während der restlichen Zeit des Frühlings unsere Türe. Anstelle eines gewöhnlichen Blumenkranzes binden wir für einmal unsere Hausnummer aus Zweigen und Blumen. Im Bastelgeschäft kaufen wir je nach der zu formenden Zahl 1–2 Meter Sisalseil mit Draht (Bild 12). Dieses Seil behält nach dem Biegen die vorgegebene Form und lässt sich ohne Mühe mit Zweigen und Blumen umwikkeln; in unserem Beispiel wieder mit dem frühlingshaften Buchs und einigen Zweiglein von weissem Schleierkraut (Bild 13). Solche Ziffern können auch zu bestimmten Geburtstagen oder Jubiläen an der Türe angebracht und je nach Jahreszeit mit den unterschiedlichsten Materialien hergestellt werden.

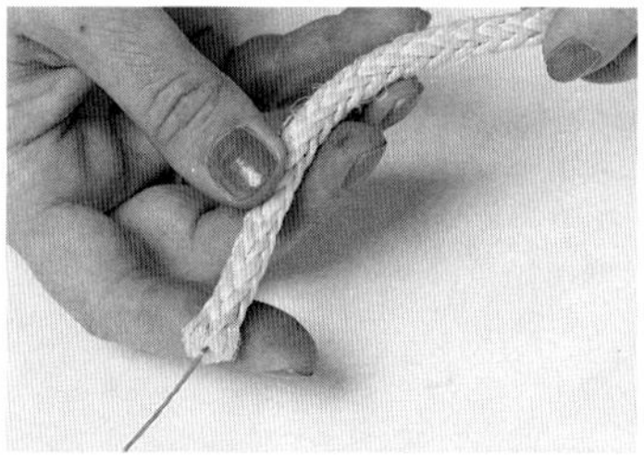
12

13

Quellen

Seite 17: Rainer Maria Rilke, «Sommertag»
Aus: Sämtliche Werke, © Insel Verlag, Frankfurt am Main 1955

Seite 35: Karl Krolow, «Herbstlandschaft»
© Suhrkamp Verlag, Frankfurt am Main

Seite 51: Ellen Hassmann-Rohlandt
Aus: Im Tanz der Jahreszeiten, hrsg. von Veronika Birkenbach, Kiefel Verlag Wuppertal 1990

Seite 67: Karl Mayer, «Frühlingseile»
Aus: Wunderblüten-schneebereift, Frühlingsgedichte, Piper Verlag München/Zürich 1991